Hueber *Hörbuch*

GEORGES SIMENON

Série Maigret

L'affaire du boulevard Beaumarchais

La péniche aux deux pendus

La fenêtre ouverte

Max Hueber Verlag

3. 2. 1. | Die letzten Ziffern
2010 09 08 07 06 | bezeichnen Zahl und Jahr des Druckes.
Alle Drucke dieser Auflage können, da unverändert,
nebeneinander benutzt werden.
1. Auflage 2006
Max Hueber Verlag, 85737 Ismaning, Deutschland

Umschlaggestaltung: Parzhuber & Partner, München
Foto: © mauritius images / Photononstop
Satz und Layout: Thomas Schack, Ismaning
Druck und Bindung: druckhaus Köppl und Schönfelder, Stadtbergen
Printed in Germany
ISBN 10: 3-19-319519-7
ISBN 13: 978-3-19-319519-7

L'affaire du boulevard Beaumarchais

A huit heures moins dix, quand Martin, de la brigade des jeux, quitta son bureau, il fut surpris de voir le couloir encore plein de journalistes et de photographes. Il faisait très froid et certains, le col du pardessus relevé, mangeaient un sandwich.

– Maigret n'a pas encore fini? demanda-t-il au passage.

Tout au fond du vaste couloir, Martin, au lieu de prendre l'escalier, poussa une porte vitrée. Comme dans tous les locaux de la Police Judiciaire, la lumière était chichement distribuée. Au milieu de cette pièce, qui était l'antichambre de la direction, trônait un énorme canapé rond recouvert de velours rouge. Un homme y était assis, en pardessus, le chapeau sur la tête. A quelques pas, deux inspecteurs, debout, fumaient des cigarettes tandis que le vieil huissier dînait dans sa cage de verre.

Martin bourrait sa pipe. Dans un quart d'heure il serait chez lui, à dîner en famille. C'était en amateur qu'il venait jeter un coup d'œil de ce côté, parce qu'on ne parlait que de cela depuis deux jours.

– Ça va? demanda-t-il à mi-voix à un des inspecteurs.

Et celui-ci, en soupirant, désigna la deuxième porte, celle du bureau de Maigret.

– Avec qui est-il?

– Toujours avec la belle-sœur…

L'homme, qui entendait chuchoter, releva lentement la tête et lança à ses compagnons un regard morne où il y avait comme un reproche. C'était un personnage maigre et mal portant, d'une quarantaine d'années, peut-être un peu moins, aux yeux très cernés, aux petites moustaches brunes.

– Il est là depuis le matin... souffla encore l'inspecteur à Martin.

A ce moment la porte de Maigret s'ouvrit. Le commissaire parut et, comme il ne refermait pas l'huis, on vit le bureau rempli de fumée et, dans un fauteuil vert, la silhouette d'une très jeune femme blonde.

– Lucas!... appela Maigret, en cherchant les inspecteurs des yeux comme quelqu'un qui n'y voit plus très clair. Cours me chercher des sandwiches... Passe à la brasserie et fais monter des demis...

Martin en profita pour serrer la main de son collègue.

– Ça marche?

Et Maigret, congestionné, montrait des yeux luisants. On aurait juré qu'il eût donné gros pour une boufflée de grand air.

– Ecoute, murmura-t-il en baissant la voix. Je vais te dire une bonne chose... Si je n'en ai pas fini ce soir avec cette enquête, je l'abandonne... Tu ne comprends pas ça, non?... Eh bien, je ne peux pas vivre plus longtemps làdedans...

L'homme du canapé, qui ne pouvait entendre ses paroles, attendait, frémissant, mais le commissaire rentra dans son bureau, la porte se referma, Martin s'éloigna enfin, tandis que l'aiguille de l'horloge avançait d'une nouvelle minute et qu'arrivaient les éclats de voix des journalistes.

Une affaire qui pourtant, au début, s'était présentée comme tout à fait banale. Le dimanche précédent, boulevard Beaumarchais, dans un immeuble dont le rez-de-chaussée est occupé par un fabricant de pipes, au quatrième étage, Louise Voivin, vingt-six ans, décédait brusquement en donnant tous les signes d'un empoisonnement.

L'appartement, bourgeois, confortable et qui aurait pu être gai, était habité, outre Louise Voivin, par son mari, Ferdinand

Voivin, courtier en pierres précieuses, et par sa sœur, Nicole, âgée de dix-huit ans.

C'était cette Nicole que Maigret avait dans son bureau depuis plusieurs heures et qui tenait bon, nerveuse, certes, mordillant son mouchoir, mais toujours lucide en dépit d'une atmosphère étouffante.

Sur le bureau était posée une lampe dont le vaste abat-jour vert rabattait la lumière. Le visage de Maigret, plus haut que l'abat-jour, restait dans la pénombre. Mais la jeune fille, assise dans un fauteuil assez bas, était en pleine clarté. Les rideaux de la fenêtre n'avaient pas été tirés, si bien qu'on voyait des gouttes de pluie rouler sur les vitres noires, étoilées par le reflet des lampes des quais.

– On va nous apporter à boire, soupira Maigret avec soulagement.

Il avait tellement chaud qu'il aurait volontiers retiré son faux col et son veston, tandis que sa compagne était toujours vêtue de son manteau de fourrure grise, coiffée d'une toque de la même fourrure qui lui donnait un air d'autant plus nordique qu'elle avait les cheveux très blonds.

Quelle question lui poser qu'il n'eût pas encore posée? Et pourtant il ne se résignait pas à la laisser partir. Il sentait confusément le besoin de la garder sous la main, tandis que son beau-frère continuait à attendre dans l'antichambre.

Pour se donner une contenance, il feuilletait son dossier comme si, de relire sans cesse les mêmes détails, une inspiration eût pu jaillir.

Le premier procès-verbal, celui de la police du quartier, concernant les événements du dimanche, avait déjà, malgré sa simplicité, quelque chose de trouble.

«… Au quatrième étage, dans une chambre située au fond de l'appartement, nous trouvons le corps de Louise Voivin étendu sur le sol. Le docteur Blind, qui avait été appelé une demi-heure auparavant par la famille, nous déclara qu'elle était morte quelques minutes plus tôt dans d'atroces convulsions et il attribue nettement la mort à un empoisonnement, criminel ou accidentel, provoqué sans doute par une forte dose de digitaline…»

Puis, plus loin:

«… avons interrogé le mari, Ferdinand Voivin, trente-sept ans, qui prétend ne rien savoir… Il affirme cependant que depuis plusieurs mois sa femme donnait des signes de neurasthénie…

«… Avons interrogé la sœur de Louise Voivin, Nicole Lamure, dix-huit ans, née à Orléans, qui nous a fait les mêmes déclarations que son beau-frère…

«… Avons interrogé la concierge qui affirme que, depuis longtemps, Louise Voivin, mal portante, craignait d'être empoisonnée…»

Au fait, c'était justement le dimanche de la Toussaint. Il pleuvait, une pluie froide, et l'air sentait les chrysanthèmes et l'encens des églises tandis que, vers le soir, le Parquet, mouillé, les pieds boueux, effectuait sa descente boulevard Beaumarchais où le magasin du fabricant de pipes était fermé.

Mais cela, c'était le dramatique quotidien, l'atmosphère de presque toutes les affaires. La vraie tragédie, les journalistes qui attendaient ne la pressentaient pas encore, car c'était maintenant, dans l'atmosphère surchauffée de son bureau, que Maigret venait de la découvrir.

Et il attendait avec impatience la saveur rafraîchissante d'un demi, évitant, jusque-là, de regarder encore la jeune fille aux traits tirés qui considérait fixement un angle du bureau.

– Entrez! cria-t-il.

Le garçon de la brasserie Dauphine apportait les demis et les sandwiches, jetait un coup d'œil à la cliente de Maigret.

– Ça ira comme ça?

– Oui… Portez-en au monsieur qui attend dans l'antichambre!

Mais Voivin, quand on voulut lui donner à manger et à boire, secoua la tête comme quelqu'un qui n'en a pas le courage.

Maigret, debout, mâchait de larges bouchées de sandwich, tandis que sa compagne grignotait le sien.

– Depuis combien de temps étaient-ils mariés?

– Huit ans…

Une histoire banale de gens sans envergure. Ferdinand Voivin, petit courtier en pierres précieuses, au cours d'un séjour à Orléans où il était chargé d'expertises, avait fait la connaissance de Louise Lamure, dont les parents tenaient un commerce de chaussures.

– En somme, vous, vous n'étiez encore qu'une petite fille?

– J'avais dix ans…

– Je suppose, essaya-t-il de plaisanter, que vous n'étiez pas encore amoureuse de votre beau-frère…

– Je ne sais pas…

Il lui lança un regard en coin et n'eut pas envie de rire.

– Donc, il y a un an, quand votre père est mort, votre sœur et son mari vous ont recueillie…

– Je suis venue vivre chez eux, c'est exact…

– Et depuis quand, exactement, êtes-vous la maîtresse de Voivin?

– Depuis le 17 mai…

Elle disait cela nettement, presque fièrement.

– Vous l'aimez?

– Oui…

A la voir, frêle et passionnée, on eût pu se figurer, pour inspirer pareil amour, un Voivin beau et romantique. Or, c'était un des côtés troublants de cette histoire, le courtier était un bonhomme si quelconque qu'il fallait un effort pour se souvenir de son visage. Sa profession elle-même était sans poésie. Des heures durant il hantait les cafés de la rue La Fayette où se tient la bourse aux pierres précieuses et depuis un mois seulement il s'était offert une modeste auto d'occasion. Il était mal portant par surcroît.

– Et votre sœur?

– Ma sœur était jalouse.

– Elle l'aimait?

– Je ne sais pas...

– Qu'a-t-elle dit quand elle vous a surpris tous les deux?

– Elle n'a rien dit... Elle m'a écrit... Depuis lors, nous ne nous sommes jamais adressé la parole...

– Or, c'était quand?

– Le 2 juin... C'était la troisième fois que ça nous arrivait...

– Boulevard Beaumarchais?

– Oui... Dans ma chambre... Ferdinand croyait que Louise était sortie alors qu'elle était dans la cuisine avec la femme de ménage...

– Vous n'avez pas eu l'idée d'aller vivre ailleurs?

– J'ai voulu... C'est ma sœur qui a exigé que je reste...

– Pourquoi?

– Pour mieux pouvoir nous surveiller... Elle prétendait que si je quittais l'appartement il serait trop facile à son mari de me voir en cachette...

– Et dans l'appartement?

– Elle ne nous laissait jamais seuls... Elle portait toujours des pantoufles de feutre, si bien qu'elle arrivait sans bruit...

– Comment avez-vous pu vivre des mois ensemble sans vous adresser la parole?

– Nous échangions des billets... Par exemple, ma sœur écrivait: «Prépare ton linge sale pour demain...» ou bien: «Ne te sers pas de la baignoire. Il y a une fuite...»

– Et Voivin?

– Il était très malheureux... Dès le début, il a refusé de dormir dans la chambre de sa femme et il a installé un divan dans le salon... Il m'a juré qu'ils n'avaient plus aucun rapport...

Maigret compta sur ses doigts:

– Juin... juillet... août... septembre... octobre... Cinq mois!... Donc, pendant cinq mois, vous avez vécu ainsi?

Elle fit oui de la tête, simplement, comme si c'eût été tout naturel.

– Jamais Ferdinand Voivin ne vous a parlé de se débarrasser de sa femme?

– Jamais! Je le jure…

– Et jamais il ne vous a proposé de partir avec lui?

– Vous ne le connaissez pas, soupira-t-elle en secouant la tête. C'est un honnête homme, vous comprenez? Il est le même en affaires… Quand il a signé un contrat, il l'exécute coûte que coûte… Demandez à tous ceux avec qui il travaille…

– N'empêche que, depuis plusieurs mois, votre sœur semblait prévoir sa fin… Elle a écrit trois lettres à une amie de pension et dans toutes les trois il est question d'empoisonnement…

– Je sais! ma sœur était devenue comme folle. A force de nous guetter… Presque chaque nuit elle poussait sans bruit la porte de ma chambre et, dans l'obscurité, je sentais sa main qui venait toucher mon visage pour s'assurer que j'étais dans mon lit et que j'y étais seule…

– Une question. Depuis le 2 juin, vous n'avez plus vu Voivin en tête à tête?…

– Trois ou quatre fois, dehors… Mais ma sœur l'a su… Chaque fois elle nous attendait à la porte de l'hôtel… Elle me suivait partout… Une fois, elle est venue en ville en pantoufles parce qu'elle n'avait pas eu le temps de se chausser.

Maigret avait visité l'appartement qui était aussi quelconque que Voivin lui-même. Il imaginait la vie des trois personnages… Et il fallait en revenir sans cesse aux mêmes questions, comme les chevaux de manège tournent sans cesse en rond sans trouver d'issue.

– Saviez-vous que, dans la pharmacie de la salle de bains, il y avait un paquet de bicarbonate de soude?

Toute la question était là. Après la mort de Louise Voivin, on avait fouillé l'appartement. On n'avait pas tardé à trouver un verre qui avait contenu un médicament. L'analyse avait démontré qu'il s'aggissait de digitaline délayée dans un peu d'eau.

Seulement, à côté du verre se trouvait un paquet dont l'étiquette portait: «Bicarbonate de soude». Et ce paquet-là contenait de la digitaline, en quantité suffisante pour tuer une centaine de personnes.

– Que faisiez-vous, dimanche dernier, après midi?

– Comme tous les dimanches. C'était le jour le plus pénible. Ferdinand était dans le salon où il revoyait des factures. Je lisais, dans ma chambre. Ma sœur devait être chez elle...

– Qu'aviez-vous mangé à déjeuner?

– Je me souviens fort bien... Un lièvre, qu'un client de Ferdinand lui avait envoyé ...

Et elle continuait à prononcer Ferdinand avec ferveur, comme s'il eût été le plus beau et le plus extraordinaire des hommes.

– La mort de votre sœur vous a très affectée?

– Non!

Elle ne le cachait pas. Elle levait même la tête pour montrer son visage.

– Ma sœur l'a trop fait souffrir...

– Et lui?

– Etait-ce sa faute?... Je sais qu'il ne l'a jamais aimée... Il a vécu huit ans avec elle, mais sans jamais être heureux... Ma sœur était toujours triste, mal portante... Dès la première année de son mariage, on avait dû l'opérer et elle n'était plus tout à fait une femme comme une autre...

Maigret sortit encore un moment et, de sa porte, regarda l'homme effondré sur le canapé. Il l'avait déjà questionné une fois, la veille, mais brièvement, et il hésitait à amorcer avec lui un de ces interrogatoires interminables qui sont aussi harassants pour l'un que pour l'autre.

– Il n'a pas voulu manger? demanda-t-il, bas, à un des deux inspecteurs.

– Non... Il prétend qu'il n'a pas faim...

– Allons!…

Et Maigret, essayant de se donner du courage, rentrait dans son bureau où Nicole n'avait pas bougé.

– A propos… Puisque nous parlons de maladies… Qui, dans la maison, souffrait de l'estomac?

– Ferdinand! répliqua-t-elle sans hésiter. Rarement, mais ça lui prenait parfois, surtout quand il avait eu des palpitations…

– Car il avait des palpitations?

– C'est-à-dire qu'on l'a soigné pour le cœur, voilà deux ans, je pense, mais c'était à peu près guéri…

– Vous ne savez pas si votre beau-frère a eu mal à l'estomac au cours des dernières semaines?

– Oui! dit-elle, toujours aussi catégorique.

– Quel jour?

– Le jour où nous avons été tous malades…

– Vous ne savez pas ce que vous aviez mangé?

– Je ne m'en souviens plus…

– Le médecin a été appelé?

– Non! Ferdinand n'a pas voulu… La nuit, nous avions tous des maux de tête, des nausées, et Ferdinand a pensé à une fuite de gaz…

– C'est la seule fois?

– Oui… Tout au moins en aussi fort…

– C'est-à-dire qu'il y a eu d'autres malaises?

– Je vous comprends, commissaire… Mais vous ne me ferez pas perdre mon sang-froid… Je tiendrai jusqu'au bout, malgré tout, parce que je sais que Ferdinand est innocent… Si quelqu'un avait dû empoisonner ma sœur, ce n'aurait pas été lui, mais moi, vous voyez que je n'ai pas peur de le dire…

– Mais vous ne l'avez pas fait? dit-il d'une drôle de voix.

– Non… Je n'y ai même pas pensé… Je l'aurais tuée autrement, je ne sais pas comment… Les derniers temps, nous étions tous malades, c'est vrai… Seulement, je voudrais vous y voir… Est-ce que vous imaginez la vie que nous menions?… Aux repas, il y avait toujours l'un ou l'autre de nous qui ne mangeait pas... Savez-vous combien nous avons eu de femmes de ménage en cinq mois?... Huit!... Comme elles disaient, elles ne voulaient pas rester dans une maison de fous...

Elle pleura, d'énervement. Ce n'était pas la première fois depuis le début de l'interrogatoire, mais elle reprenait vite son sang-froid, regardait Maigret dans les yeux comme pour aller au-devant de ses questions.

– Je ne sais même pas si on ouvrait encore les fenêtres... Et moi, j'en arrivais à ne plus oser aller jusqu'au coin de la rue, sachant bien que ma sœur serait sur mes talons...

– Donc, selon vous, votre sœur se serait suicidée?

Elle ne répondit pas tout de suite, laissant voir que la question la troublait:

– Autrement dit, vous prétendez que votre sœur est parvenue à se procurer une importante quantité de digitaline et que, au lieu de tenter de vous empoisonner, elle s'est donné volontairement la mort?

– Je ne sais pas... avoua-t-elle.

Et on sentait qu'elle ne croyait pas cela non plus, que cela ne cadrait pas avec le caractère de sa sœur.

– Alors?

– Il y a un mystère... En tout cas. Ferdinand n'a pas tué!...

– Et vous?

Mais il se trompait s'il espérait lui faire perdre pied. Elle leva la tête, une fois de plus, soutint son regard, avec une pointe d'ironie.

– Je crois que nous ferions mieux d'appeler votre beaufrère, grommela Maigret. Ou plutôt... Attendez donc... Veuillez aller dans l'antichambre pendant que je le recevrai...

– Qu'est-ce que vous avez à lui dire?

Debout, elle s'impatientait, maintenant. Elle arrachait des morceaux de son mouchoir à petits coups de dents.

– Faites entrer! cria Maigret en entrouvrant la porte. Quant à mademoiselle, elle attendra...

Et il la fit sortir devant lui, montra à Voivin le fauteuil que la jeune fille venait de quitter.

– Un verre de bière?

Voivin se contenta de secouer la tête.

– Pas faim?... Je vous demande pardon de vous avoir fait attendre... Votre belle-sœur avait tant de choses à me raconter... Au fait, qu'est-ce que vous comptez faire, maintenant?

Le courtier eut peine à lever la tête, à regarder le commissaire avec stupeur, puis avec méfiance, comme s'il eût été évident qu'on n'allait pas le libérer.

– Une question, Voivin... Comme Nicole ne pouvait pas vous parler quand elle voulait, à cause de votre femme, je suppose qu'elle vous écrivait?

Il chercha à saisir le rapport, secoua la tête.

– Non...

– Pourquoi? Amoureuse comme elle l'est, comme vous l'êtes...

– C'était impossible... Ma femme aurait trouvé les lettres... Elle passait son temps à fouiller l'appartement, mes vêtements, et jusqu'à mes chaussures...

Maigret soupira. Il aurait donné gros pour voir l'amour de Nicole s'adresser à quelqu'un d'autre, à n'importe qui, mais pas à cet homme médiocre, médiocre en tout, même dans son désespoir.

– Vous n'auriez pas pu trouver une cachette?...

– Je vous dis que Louise aurait trouvé...

Le commissaire parut ne plus y penser.

– Tant pis... A propos... Je voulais vous demander autre chose... Quand vous avez eu des troubles cardiaques...

Ferdinand sourit douloureusement.

– J'attendais la question...

– Alors, répondez-y!

– Eh bien oui, on m'a ordonné de la digitaline... Mais voilà plus de deux ans que je n'en prends plus...

– N'empêche que vous en connaissiez les effets et qu'on avait dû vous prévenir que, à dose massive…

– Croyez-moi, commissaire, je n'ai pas tué ma femme…

– Je suis persuadé que Nicole ne l'a pas empoisonnée non plus…

– Vous l'avez soupçonnée?

– Mais non! Calmez-vous! Vous me dites que vous n'avez pas tué votre femme. Nicole ne l'a pas tuée. Et maintenant, moi, je vous pose une question à laquelle je vous permets de ne pas répondre. Ecoutez-moi bien, Voivin… Connaissant votre femme comme vous la connaissiez, jalouse comme elle l'était, capable de supporter sa sœur chez elle plutôt que de lui donner le moyen de vous rencontrer en cachette, connaissant votre femme, dis-je, oseriez-vous soutenir qu'elle ait pu simplement entrevoir la possibilité de se tuer et, du même coup, de vous laisser le champ libre à tous les deux?… Réfléchissez…

– Je ne sais pas…

– Allons donc! Répondez ou ne répondez pas, mais pas de mensonges, Voivin… Pas de faux-fuyants…

Les lèvres de l'homme tremblaient. Et soudain une odeur fétide, dans la pièce, révéla les résultats physiques de sa panique.

Maigret, sans mot dire, alla ouvrir la fenêtre, revint vers son bureau, bourra lentement sa pipe, avala le peu de bière qui restait.

– Je vais vous aider, voulez-vous? dit-il d'une voix douce.

– Je suppose que vous préférez que je ne fasse pas entrer votre belle-sœur?

Voivin pleurait, peut-être autant d'humiliation que de douleur, et Maigret allait et venait tout en parlant et en évitant de le regarder.

– Si je me trompe, vous m'arrêterez… Mais je ne crois pas me tromper… Vous allez à Anvers de temps en temps?

– Oui…

– Je l'ai bien pensé... A Anvers et à Amsterdam, où se tiennent les principales bourses du diamant... Là, vous avez pu plus facilement qu'en France, et avec moins de risques, vous procurer une certaine quantité de digitaline, ce qui explique l'inutilité de nos recherches à Paris et en banlieue...

– J'ai soif! gémit Voivin, la gorge serrée...

Et il était tellement humble que Maigret en fut gêné. Il prit une bouteille de fine dans son placard et en versa un grand verre au courtier.

– Vous n'êtes déjà pas d'un tempérament gai par nature... Vous épousez une jeune fille et, dès la première année de votre mariage, une opération la vieillit d'un seul coup de plusieurs années... Vous continuez à travailler sans joie, méticuleusement, comme vous faites toutes choses, et à certain moment vous avez une faiblesse du cœur... C'est cela?

– Ce n'était pas grave...

– Peu importe... Or, voilà que votre belle-sœur vous tombe sur les bras et que, soudain, vous découvrez la jeunesse et la joie de vivre... Vous aimez!... Vous aimez comme un fou!... Mais vous avez trop le respect de la parole donnée pour abandonner votre femme et refaire votre vie... Vous êtes un faible, un lâche, dirai-je même... Le jour où vous êtes surpris par votre femme, vous ne réagissez pas...

– Je voudrais bien savoir ce que vous auriez fait à ma place!

– Peu importe... La vie, boulevard Beaumarchais, devient un supplice de tous les jours, de toutes les minutes... Si vous êtes incapable de quitter votre femme, vous l'êtes encore plus de renoncer à votre belle-sœur... Arrêtez-moi si...

– C'est vrai!

– Vous êtes de ces faibles qui provoquent les catastrophes! Je m'entends... Oui, vous êtes de ceux qui, par peur de la solitude, sont capables d'entraîner des tas de gens dans la mort avec eux... Puisque la vie n'était plus possible, vous avez pensé mourir tous les trois, ce qui explique que vous avez acheté une telle quantité de poison... Est-ce vrai?

– Comment avez-vous pu deviner?

– Jusqu'ici, c'était facile... C'est la mort de votre femme, et de votre femme toute seule, que je ne m'expliquais pas... Mais vous m'avez donné vous-même l'explication... Je vais y venir... Tout d'abord, avouez qu'à deux reprises au moins vous avez fait ce qu'on pourrait appeler des répétitions générales, c'est-à-dire que vous avez mis de petites doses de digitaline dans les aliments, ce qui vous a rendus tous malades...

– Je voulais savoir...

– C'est ça... Vous aviez peur... Vous n'étiez pas décidé à mourir... Et vous essayiez de vous rendre compte avec de toutes petites doses... Pour le reste, votre réponse à une de mes dernières questions m'a éclairé... Votre femme surveillait vos faits et gestes, fouillait les moindres recoins de l'appartement, y compris vos chaussures... Où, dans ces conditions mettre de la digitaline?... Et quel était le médicament que vous étiez seul à prendre?

Hagard, Voivin leva les yeux sans rien dire.

– Dès lors, tout s'enchaîne. La digitaline se cache sous la bénigne étiquette «bicarbonate de soude»... Et sans doute auriez-vous encore hésité des semaines, peut-être des mois...

– Je crois que je n'aurais jamais pu! gémit le courtier.

– Peu importe... Vous auriez hésité longtemps, en tout cas, si l'accident ne s'était pas produit... Un de vos clients vous a fait cadeau d'un lièvre... Votre femme, mal portante, ne le digère pas, va à l'armoire à pharmacie, aperçoit du bicarbonate de soude et en met une cuillerée dans un verre...

Voivin se cachait le visage de ses deux mains.

– C'est tout! trancha Maigret en ouvrant la fenêtre plus largement... Dites donc... Il y a un lavabo à côté... Voulez-vous y passer avant que j'appelle votre belle-sœur?

Le courtier glissa comme une ombre dans la pièce voisine. Maigret ouvrit la porte.

– Voulez-vous venir, mademoiselle Nicole? Votre beaufrère arrive à l'instant...

Et brusquement:
– Vous n'avez pas envie de mourir?
– Non!
– Tant mieux! Faite attention…
– A quoi?
– A rien… A ne pas vous laisser entraîner…
– Qu'est-ce qu'il vous a dit?
– Il ne m'a rien dit!
– Vous le croyez toujours coupable?
– Vous vous arrangerez avec lui…
– Où est-il?
Maigret dut détourner la tête pour cacher son sourire.
– Il… il reprend ses esprits! dit-il.
Et il ralluma sa pipe éteinte, tandis que Voivin, comme un homme ébloui par la lumière, pénétrait en tâtonnant dans le bureau.
– Ferdinand! cria Nicole.
– Non! Pas ici… Je vous en prie… grogna Maigret.

La péniche aux deux pendus

L'éclusier du Coudray était un type maigre du genre triste, en complet de velours à côtes, aux moustaches tombantes, à l'œil méfiant, un type comme on en rencontre beaucoup parmi les régisseurs de domaines. Il ne faisait pas la différence entre Maigret et les cinquante personnes, gendarmes, journalistes, policiers de Corbeil et membres du Parquet à qui, depuis deux jours, il avait raconté son histoire. Et, tout en parlant, il continuait à surveiller, en amont et en aval, la surface glauque de la Seine.

C'était novembre. Il faisait froid et un ciel tout blanc, d'un blanc cru, se reflétait dans l'eau.

– Je m'étais levé à six heures du matin pour soigner ma femme (et Maigret pensa que ce sont toujours ces honnêtes hommes à l'œil triste qui ont des femmes malades à soigner)... Déjà en allumant le feu, il m'avait semblé entendre quelque chose... Mais c'est plus tard, tandis que je faisais le cataplasme, au premier étage, que j'ai enfin compris que quelqu'un criait... Je suis redescendu... Une fois sur l'écluse, j'ai distingué vaguement une masse noire contre la barrage...

«– Qu'est-ce que c'est? que j'ai crié.

«– Au secours! qu'a répondu une voix enrouée.

«– Qu'est-ce que vous faites là? que je lui ai demandé.

«– Au secours! qu'il a continué.

«Et j'ai pris mon bachot pour y aller. J'ai vu que c'était l'*Astrolabe*. Comme il commençait enfin à faire clair, j'ai fini par distinguer le vieux Claessens, sur le pont. Je jurerais qu'il était encore saoul et qu'il ne savait pas plus que moi ce que la péniche faisait sur le barrage. Le chien était détaché, même que je lui ai demandé de le tenir…

«Voilà…

Ce qui comptait, pour lui, c'est qu'une péniche fût venue s'échouer sur son barrage au risque, si le courant avait été plus violent, de le défoncer. Mais qu'à bord, outre le vieux charretier ivre et un grand chien de berger, on n'eût trouvé que deux pendus, un homme et une femme, cela ne le regardait plus.

L'*Astrolabe,* dégagée, était encore là, à cent cinquante mètres, gardée par un gendarme qui se réchauffait en faisant les cent pas sur le chemin de halage. C'était une vieille péniche sans moteur, une *écurie,* comme on appelle les bateaux qui font surtout les canaux et qui ont leurs chevaux à bord. Des cyclistes qui passaient se retournaient vers cette coque grisâtre dont tous les journaux parlaient depuis deux jours.

Comme d'habitude, quand le commissaire Maigret avait été désigné, autant dire qu'il n'y avait plus un indice nouveau à recueillir. Tout le monde s'était occupé de l'enquête et les témoins avaient déjà été interrogés cinquante fois, par la gendarmerie d'abord, puis par la police de Corbeil, les magistrats et les reporters.

– Vous verrez que c'est Emile Gradut qui a fait le coup! lui avait-on dit.

Et Maigret, qui venait d'interroger Gradut pendant deux heures, était revenu sur les lieux, les mains dans les poches de son gros pardessus, l'air grognon et regardant le paysage maussade comme s'il eût voulu y acheter un lotissement.

L'intérêt n'était pas à l'écluse du Coudray où la péniche était venue s'échouer, mais à l'autre bout du bief, à huit kilomètres en amont, à l'écluse de la Citanguette.

Le même décor qu'en bas, en somme. Les villages de Morsang et de Seine-Port étaient sur l'autre rive, assez loin. Si bien qu'on ne voyait que l'eau paisible bordée de taillis avec, parfois, la crevasse d'une ancienne carrière de sable.

Mais, à la Citanguette, il y avait un bistro, si bien que les bateaux faisaient l'impossible pour y coucher. Un vrai bistrot pour mariniers, où l'on vendait du pain, des conserves, du saucisson, des cordages et de l'avoine pour les chevaux.

C'est là, on peut le dire, que Maigret fit vraiment son enquête, sans en avoir l'air, buvant de temps en temps un verre, s'asseyant près du poêle, allant faire un petit tour dehors tandis que la patronne, presque aussi blonde qu'un albinos, le regardait avec un respect mitigé d'ironie.

De la soirée du mercredi, voilà ce qu'on savait. Au moment où il commençait à faire noir, l'*Aiglon VII,* un petit remorqueur de la haute Seine, avait amené, comme des poussins, ses six péniches devant l'écluse de la Citanguette. A ce moment-là, il tombait une pluie fine. Les bateaux amarrés, les hommes, comme toujours, s'étaient retrouvés au bistrot pour l'apéritif tandis que l'éclusier rentrait ses manivelles.

L'*Astrolabe* ne parut au tournant qu'une demi-heure plus tard, alors que l'obscurité était déjà complète. Le vieil Arthur Aerts, le patron, était au gouvernail, tandis que, sur le chemin, Claessens marchait devant ses chevaux, le fouet à l'épaule.

Puis l'*Astrolabe* s'était amarrée derrière le convoi. Claessens avait rentré ses chevaux. A ce moment, nul, en somme, ne s'était occupé d'eux.

Il était au moins sept heures et tout le monde avait déjà mangé la soupe quand Aerts et Claessens étaient entrés au bistrot et s'étaient assis devant le poêle. Le patron de l'*Aiglon VII* menait la conversation et les deux vieux n'eurent rien à dire. La patronne albinos, un bébé sur les bras, leur servit quatre ou cinq fois du marc, sans s'inquiéter d'eux.

C'est ainsi que cela se passait, Maigret, maintenant, s'en rendait compte. Tout le monde se connaissait plus ou moins. On entrait en esquissant un vague salut. On allait prendre place sans rien dire… Parfois, une femme entrait à son tour, mais c'était pour faire ses provisions du lendemain, après quoi elle lançait à son mari occupé à boire:

– Ne rentre pas trop tard…

C'était arrivé ainsi pour la femme d'Aerts, Emma, qui avait acheté du pain, des œufs et un lapin.

Et, dès ce moment, chaque détail acquérait une importance capitale, chaque témoignage devenait extrêmement précieux. Aussi, Maigret insistait-il.

– Vous êtes sûr que quand il est parti, vers dix heures, Arthur Aerts était saoul?

– Fin saoul, comme toujours… lui répondit la patronne. C'était un Belge, un brave homme, au fond, qui s'asseyait dans son coin sans rien dire et qui buvait jusqu'à ce qu'il lui restât juste assez de force pour rentrer à bord…

– Et Claessens, le charretier?

– Il lui en fallait davantage. Il est encore resté un quart d'heure environ, puis il est parti, après être revenu sur ses pas pour chercher son fouet qu'il avait oublié…

Jusque-là, tout allait bien. Il était facile d'imaginer la berge de la Seine, la nuit, en dessous de l'écluse, le remorqueur en tête, les six chalands derrière, puis la péniche d'Aerts – avec, sur chaque bateau, une lanterne d'écurie et, par-dessus le tout, une pluie fine et inlassable.

Vers neuf heures et demie, Emma rentrait à son bord avec les provisions. A dix heures, Aerts rentrait à son tour, fin saoul, comme disait la bistrote. Et à dix heures un quart, le charretier se dirigeait enfin vers l'*Astrolabe*.

– Je n'attendais que son départ pour fermer, car les mariniers se couchent tôt et il ne restait plus personne…

Voilà tout pour les choses solides, contrôlables. Dès ce moment, plus le moindre renseignement précis. A six heures du matin, le patron du remorqueur s'étonnait de ne plus voir l'*Astrolabe* derrière ses chalands et il s'apercevait un peu plus tard que les amarres avaient été coupées.

Au même moment, l'éclusier du Coudray, qui soignait sa femme, entendait les cris du vieux charretier et découvrait un peu plus tard la péniche échouée contre son barrage.

Le chien, sur le pont, était détaché. Le charretier, qui venait de s'éveiller à cause du choc, ne savait rien et prétendait qu'il avait dormi toute la nuit dans son écurie, comme d'habitude.

Seulement, à l'arrière, dans la cabine, on découvrait Aerts pendu, non à l'aide d'une corde, mais à l'aide de la chaîne du chien. Puis, derrière un rideau qui cachait le lavabo, on découvrait sa femme, Emma, pendue, elle, à l'aide d'un drap arraché du lit.

Ce n'était pas encore tout puisque, au moment de mettre en route, le patron du remorqueur *Aiglon VII* appelait en vain son chauffeur, Emile Gradut, et constatait que celui-ci avait disparu.

– C'est Gradut qui a fait le coup…

Tout le monde était affirmatif et, le soir même, on lisait dans les journaux des sous-titres comme: «Gradut a été aperçu rôdant près de Seine-Port…» «Chasse à l'homme dans la forêt de Rougeau…» «Le magot du père Aerts reste introuvable…»

Car tous les témoignages confirmaient que le vieil Aerts avait un magot et même tout le monde était d'accord sur le chiffre: cent mille francs. Pourquoi? C'était toute une histoire, ou plutôt c'était très simple. Aerts, qui avait soixante ans et deux grands fils mariés, avait épousé Emma en secondes noces, et Emma, une rude Strasbourgeoise, n'avait que quarante ans.

Or, ça n'allait pas du tout dans le ménage. A chaque écluse, Ema se plaignait de l'avarice du vieux qui lui donnait à peine de quoi manger.

– Je ne sais même pas où il met son argent! disait-elle. Il veut que, s'il meurt, ce soit pour ses fils... Et moi je dois me tuer à le soigner, à conduire le bateau; sans compter...

Elle donnait des détails cyniques, devant Aerts au besoin, tandis qu'Aerts, têtu, se contentait de hocher la tête; quand elle était partie seulement il murmurait:

– Elle ne m'a épousé que pour mes cent mille francs, mais elle sera refaite...

Emma affirmait encore:

– Comme si ses fils avaient besoin de ça pour vivre...

En effet, l'aîné, Joseph, était patron de remorqueur à Anvers, et Théodore, aidé par son père, avait acheté un bel automoteur, le *Marie-France,* qu'on venait d'alerter alors qu'il passait à Maestricht, en Hollande.

– Mais je les trouverai, ses cent mille francs...

Elle vous parlait de ça tout à trac, alors qu'elle ne vous connaissait que de cinq minutes, vous donnait les détails les plus intimes sur son vieux mari, concluait, cynique:

– Il ne se figure tout de même pas que c'est par amour qu'une femme jeune comme moi...

Et elle le trompait. Les témoignages étaient indiscutables. Le patron de l'*Aiglon VII* lui-même était au courant.

– Je ne dis que ce que je sais... Mais sûr que pendant les quinze jours qu'on a été en chômage à Alfortville et que l'*Astrolabe* était en chargement, Emile Gradut allait souvent la retrouver, même en plein jour...

Alors?

Emile Gradut, âgé de vingt-trois ans, était une crapule, c'était évident. On l'avait effectivement arrêté, après vingt-quatre heures, crevant de faim, dans la forêt de Rougeau, à moins de cinq kilomètres de la Citanguette.

– Je n'ai rien fait! hurla-t-il aux gendarmes en essayant de parer les coups.

Une petite crapule malsaine, antipathique, que Maigret avait eu pendant deux heures dans son bureau et qui avait répété obstinément:

– Je n'ai rien fait…

– Alors, pourquoi es-tu parti?

– Ça me ragarde!

Quant au juge d'instruction, persuadé que Gradut avait caché le magot dans la forêt, il y faisait faire de nouvelles battues qui ne donnaient aucun résultat.

Tout cela avait quelque chose d'infiniment morne, comme la rivière qui reflétait le même ciel du matin au soir, comme ces trains de bateaux qui s'annonçaient à coups de sirène (un coup par péniche remorquée) et qui n'en finissaient pas de se faufiler dans l'écluse. Puis, pendant que les femmes, sur le pont, s'occupaient des mioches en surveillant la manœuvre, les hommes montaient jusqu'au bistrot, buvaient un coup, redescendaient à pas lourds.

– Du tout cuit! avait dit à Maigret un de ses collègues.

Et pourtant Maigret, maussade comme la Seine elle même, maussade comme un canal sous la pluie, était revenu à son écluse et ne pouvait plus s'en décoller.

C'est toujours la même chose: quand une affaire paraît trop claire, personne ne pense à en approfondir les détails. Pour tout le monde, c'était Gradut qui avait fait le coup, et il avait tellement *la tête à ça,* que c'en devenait une évidence.

N'empêche que, maintenant, on avait les résultats des deux autopsies, et que cela donnait de drôles de conclusions. Ainsi, pour Arthur Aerts, le docteur Paul disait:

«…Léger traumatisme à la base du menton… D'après l'état de raideur cadavérique et le contenu de l'estomac, on peut préciser que la mort par strangulation a eu lieu entre dix heures et dix heures et demie…»

Or, Aerts était rentré à bord à dix heures. D'après la patronne albinos, Claessens l'avait suivi à un quart d'heure et Claessens affirmait qu'il était entré tout de suite dans son écurie.

– Y avait-il de la lumière dans la cabine des Aerts?

– Je ne sais pas…

– Le chien était-il détaché?

Le pauvre vieux avait réfléchi longtemps, mais pour finir par un geste d'impuissance. Non! Il ne savait pas… Il n'avait pas fait attention… Est-ce qu'il pouvait prévoir que ses faits et gestes de ce soir-là, précisément, auraient après coup une importance capitale? Il vivait entre deux vins. Il dormait tout habillé, sur la paille, dans la chaude odeur de son cheval et de sa jument…

– Pas entendu de bruit?

Il ne savait pas! Il ne pouvait pas savoir! Il s'était endormi et, quand il s'était réveillé, il s'était vu au milieu du fleuve, collé au barrage…

Ici, pourtant, se plaçait un témoignage. Mais pouvait-on le prendre au sérieux? C'était de Mme Couturier, la femme du patron de l'*Aiglon VII*. Le commissaire central de Corbeil l'avait interrogée, comme les autres, avant de laisser le convoi poursuivre sa navigation vers le canal du Loing. Maigret avait le procès-verbal dans sa poche.

Question: *Vous n'avez rien entendu pendant la nuit?*

Réponse: *Je n'oserais pas le jurer…*

Q. – *Dites ce que vous avez entendu…*

R. – *C'est si vague… Je me suis réveillée à un certain moment, et j'ai regardé l'heure au réveil… Il était onze heures moins un quart… Il m'a semblé qu'on parlait près du bateau…*

Q. – *Vous n'avez pas reconnu les voix?*

R. – *Non! Mais j'ai pensé que c'était Gradut qui avait rendez-vous avec Emma… J'ai dû me rendormir tout de suite…*

Est-ce qu'on pouvait tabler là-dessus? Et, même si c'était vrai, qu'est-ce que ça prouvait?

En dessous de l'écluse, un remorqueur, ses six bateaux et l'*Astrolabe* dormaient cette nuit-là et…

Pour ce qui était d'Aerts, le rapport était net: il était mort par strangulation entre dix heures et dix heures et demie.

Seulement, l'histoire se compliquait avec le second rapport du docteur Paul, celui qui concernait Emma.

«*...La joue gauche porte des ecchymoses qui ont été produites soit avec un instrument contondant, soit par un violent coup de poing... Quant à la mort, due à l'asphyxie par pendaison, elle remonte à environ une heure du matin...*»

Et Maigret s'enfonçait de plus en plus dans cette vie lente et lourde de la Citanguette comme si là, seulement, il eût été capable de réfléchir. Un automoteur qui battait pavillon belge le fit penser à Théodore, le fils d'Aerts, qui devait être arrivé à Paris.

En même temps, le pavillon belge le faisait penser au genièvre. Car sur la table, dans la cabine, on avait découvert une bouteille de genièvre plus qu'à moitié vide. La cabine elle-même avait été fouillée de fond en comble et on avait même déchiré la toile des matelas dont les flocons s'étaient répandus.

Pour trouver le magot de cent mille francs, évidemment!

Les premiers enquêteurs affirmaient:

– Tout est simple! Emile Gradut a tué Aerts et Emma... Puis il s'est enivré et a cherché le magot qu'il a caché dans la forêt... Seulement... Oui! Seulement le docteur Paul, en autopsiant Emma, découvrait dans son estomac tout l'alcool qui manquait dans la bouteille!

Alors quoi? Puisque c'était Emma qui avait bu le genièvre, ce n'était pas Gradut!

– Parfait! répliquaient les enquêteurs. Gradut, après avoir tué Aerts, a enivré sa femme pour en avoir plus facilement raison, car n'oubliez pas qu'elle était vigoureuse...

Si bien qu'à les croire, Gradut et sa maîtresse seraient restés tous les deux à bord de dix heures ou dix heures et demie, heure de la mort d'Arthur Aerts, à minuit ou une heure du matin, heure de la mort d'Emma...

C'était possible, évidemment... Tout était possible... Seulement, Maigret voulait – comment dire? – ...il voulait en arriver à *penser péniche,* c'est-à-dire à penser comme ces gens-là.

Il avait été aussi dur que les autres avec Emile Gradut. Pendant deux heures, il l'avait vraiment tourné et retourné sur le gril. Pour commencer, il la lui avait fait à la chansonnette, comme on dit Quai des Orfèvres.

– Ecoute, mon vieux... T'es mouillé, c'est évident... Mais, pour être franc, je ne crois pas que tu les aies tués tous les deux...

– Je n'ai rien fait!

– Tu ne les as sûrement pas tués... Mais avoue que tu as bousculé un peu le vieux... C'est sa faute, d'ailleurs!... Il vous a dérangés et toi, pour te défendre...

– Je n'ai rien fait...

– Quant à Emma, sûr que tu ne l'aurais pas touchée, vu qu'elle était ta maîtresse...

– Vous perdez votre temps! Je n'ai rien fait...

Après, Maigret avait été plus dur, menaçant même.

– Ah! c'est comme ça... Eh bien, on va voir si, une fois dans le bateau avec les deux cadavres...

Mais Gradut n'avait pas sourcillé à la perspective d'une reconstitution du crime.

– Quand vous voudrez... Je n'ai rien fait...

– N'empêche que quand on trouvera le magot que t'as planqué...

Alors Emile Gradut avait eu un sourire... un sourire de pitié... un sourire tellement supérieur...

Ce soir-là, il n'y eut, pour coucher à la Citanguette, qu'un automoteur et une *écurie.* A l'écluse en dessous, un gendarme montait toujours la faction sur le pont de l'*Astrolabe* et fut bien étonné quand Maigret, grimpant à bord, annonça:

– Je n'ai pas le temps de rentrer à Paris... Je coucherai ici...

On entendait le doux glissement de l'eau contre la coque,

puis le gendarme qui avait peur de s'endormir et qui faisait les cent pas sur le pont. Ce pauvre gendarme, d'ailleurs, ne tarda pas à se demander si Maigret ne devenait pas fou, car il faisait autant de bruit, tout seul à l'intérieur, que si les deux chevaux eussent été lâchés dans la cale.

– Pardon, mon ami…

C'était Maigret qui émergeait de l'écoutille.

– Vous ne pourriez pas aller me chercher une pioche?

Aller chercher une pioche, à dix heures du soir, dans un endroit semblable! Le gendarme, pourtant, éveilla l'éclusier à l'air si triste. Et l'éclusier avait une pioche, car il possédait un jardin.

– Qu'est-ce qu'il veut en faire, votre commissaire?

– Moi, vous savez…

Et ils se regardèrent d'une façon significative. Quant à Maigret, il rentra dans la cabine avec sa pioche et le gendarme, dès lors et pendant plus d'une heure, entendit des coups sourds.

– Dites, mon ami…

C'était encore Maigret, suant et soufflant, qui passait la tête par l'ecoutille.

– Allez donc téléphoner pour moi… Je voudrais que le juge d'instruction vienne à la première heure, demain matin, et qu'il fasse amener Emile Gradut…

Jamais l'éclusier n'avait eu l'air si lugubre que quand il pilota le juge vers la péniche, tandis que Gradut suivait entre deux gendarmes.

– Non… Je vous jure que je ne sais rien…

Maigret dormait, sur le lit des Aerts! Il ne s'excusa même pas, eut l'air de ne pas s'apercevoir de la stupeur du juge devant le spectacle que présentait la cabine.

Le plancher de celle-ci, en effet, avait été enlevé. Sous ce plancher existait une couche de ciment, mais ce ciment avait été brisé à grands coups de pioche, si bien que le désordre était complet.

– Entrez, monsieur le juge... Je me suis couché très tard et n'ai pas encore eu le temps de faire ma toilette...

Il alluma une pipe. Il avait trouvé quelque part des bouteilles de bière et il se versa à boire.

– Entre, Gradut... Et maintenant...

– Oui, maintenant? fit le juge.

– C'est bien simple, déclara Maigret en tirant sur sa pipe. Je vais vous expliquer ce qui s'est passé l'autre nuit. Voyez-vous, il y a une chose qui m'a frappé dès le début: c'est que le vieil Aerts était pendu *à l'aide d'une chaîne* et que sa femme était pendue à l'aide *d'un drap de lit...*

– Je ne vois pas...

– Vous allez comprendre. Cherchez dans les annales policières, et je vous jure que vous ne trouverez pas un cas, un seul, d'homme qui se soit pendu lui-même à l'aide d'un fil de fer ou d'une chaîne... C'est peut-être bizarre, mais c'est ainsi... Les gens qui se suicident sont plus ou moins douillets, et l'idée des maillons leur broyant la gorge et leur pinçant la peau du cou...

– Donc, Arthur Aerts a été tué?

– C'est ma conclusion, oui, d'autant plus que le traumatisme qu'on relève à son menton semble prouver que la chaîne, qu'on lui a passée par-derrière, alors qu'il était ivre, lui a d'abord heurté le visage...

– Je ne vois pas...

– Attendez! Remarquez maintenant que sa femme, elle, a été trouvée pendue à l'aide d'un drap de lit roulé... Pas même une corde, alors qu'à bord d'un bateau il y en a en quantité... Non! un drap de lit, ce qui est la façon la plus douce de se pendre, si je puis ainsi m'exprimer...

– Ce qui signifie?

– Qu'elle s'est pendue elle-même... Tellement elle-même qu'elle a eu besoin, pour se donner du courage, d'avaler un demi-litre de genièvre, elle qui ne buvait jemais... Souvenez-vous des rapports du médecin légiste...

– Je me souviens...

– Donc, un assassinat et un suicide, l'assassinat commis à dix heures un quart environ, le suicide à minuit ou une heure du matin... Dès lors, tout devient simple...

Le juge le regardait avec une certaine méfiance, Emile Gradut avec une curiosité ironique.

– Il y a longtemps, poursuit Maigret, qu'Emma, qui n'a pas eu ce qu'elle voulait en épousant le vieil Aerts, et qui est amoureuse d'Emile Gradut, est hantée par une idée: s'emparer du magot et filer avec son amant... L'occasion, soudain, se présente... Aerts rentre dans un état d'ivresse très accentué... Gradut est à deux pas, à bord du remorqueur... Elle a vu, en allant faire son marché au bistrot que son mari était déjà mûr... Elle détache donc le chien et attend, la chaîne prête à être passée autour du cou de l'homme...

– Mais... objecta le juge.

– Tout à l'heure! Laissez-moi finir... Maintenant, Aerts est mort... Emma, ivre de son triomphe, court appeler Gradut et, ici, n'oubliez pas que la patronne du remorqueur entend des voix près de son bateau à onze heures moins un quart... Est-ce vrai, Gradut?

– C'est vrai!

– Le couple revient à bord pour chercher le magot, fouille jusqu'au matelas et ne parvient pas à découvrir les fameux cent mille francs... Est-ce vrai, Gradut?

– C'est vrai!

– Le temps passe et Gradut s'impatiente... Il commence même, je parie, à se demander si on ne l'a pas berné, si les cent mille francs existent vraiment... Emma jure que oui... Mais à quoi servent-ils, si on ne les découvre pas?... Ils cherchent encore... Gradut en a assez... Il sait qu'il sera accusé... Il veut partir... Emma veut partir avec lui...

– Pardon... murmura le juge.

– Tout à l'heure!... Je dis qu'elle veut partir avec lui et, comme il n'a pas envie de s'encombrer d'une femme qui n'a même pas d'argent, il s'en tire en lui envoyant un coup de poing au visage... Puis, une fois à terre, il coupe les amarres de la péniche... Est-ce vrai, Gradut?

Gradut, cette fois, hésita à répondre.

– C'est à peu près tout! conclut Maigret. S'ils avaient découvert le magot, ils seraient partis tous les deux, ou bien ils auraient essayé de faire croire au suicide du vieux... Comme ils ne l'ont pas trouvé, Gradut, affolé, erre par la campagne pour se cacher... Emma, elle, reprend connaissance alors que le bateau glisse au fil de l'eau et que le pendu se balance à côté d'elle... Plus d'espoir, pas vrai?... Pas même celui de s'enfuir... Il faudrait réveiller Claessens pour diriger la péniche à la gaffe... C'est raté, quoi! Et elle décide de se tuer à son tour... Seulement, comme elle manque de courage, elle boit d'abord, choisit un drap de lit moelleux...

– C'est vrai, Gradut? proféra le juge en observant le voyou.

– Puisque le commissaire le dit...

– Mais... Attendez... rétorqua le juge. Qu'est-ce qui vous prouve qu'il n'a pas trouvé le magot et que, justement pour le garder...

Alors, Maigret se contenta de repousser du pied quelques morceaux de ciment, montra une cachette aménagée et, dans celle-ci, des pièces d'or belges et françaises.

– Vous comprenez, maintenant?

– A peu près... murmura le juge, sans conviction.

Et Maigret, bourrant une nouvelle pipe, de grommeler:

– Il faillat d'abord savoir que les vieilles péniches se réparent avec un fond de ciment... Personne ne me le disait...

Puis, changeant brusquement de ton:

– Le plus fort, c'est que j'ai compté, et qu'il y en a en effet pour cent mille francs... Un drôle de ménage, vous ne trouvez pas?

La fenêtre ouverte

Il était midi moins cinq quand les trois hommes se retrouvèrent en face du 116 *bis* rue Montmartre, presque à l'angle de la rue des Jeûneurs.

– On y va?

– On prend un pot et on y va...

Ils burent l'apéritif au comptoir voisin puis, le col du pardessus relevé, les mains dans les poches, car il faisait froid, ils pénétrèrent dans la cour de l'immeuble, cherchèrent l'escalier C, le trouvèrent enfin et gravirent deux étages. Sur chaque porte de cette vieille maison compliquée, il y avait des plaques d'émail ou de cuivre annonçant aussi bien un fabricant de fleurs artificielles qu'une société de cinéma. Au second, au fond d'un sombre couloir, la plaque portait les mots *Le Commerce Français,* et le brigadier Lucas passa le premier, ouvrit la porte, toucha le bord de son chapeau.

– Oscar Laget est ici?

Dans l'antichambre, un homme d'une cinquantaine d'années était assis derrière une table à tapis vert et collait des timbres sur des enveloppes. Il commença par secouer négativement la tête, puis un détail quelconque dut le frapper dans l'allure des visiteurs, car il les regarda avec plus d'attention, parut comprendre, se leva.

– Il n'est jamais au bureau le matin, expliqua-t-il. Qu'est-ce que vous lui voulez?

– J'ai un mandat d'arrêt, répliqua Lucas en montrant un papier qui dépassait de sa poche. Où peut-on le trouver à cette heure-ci?

– Vous ne le trouverez sûrement pas… Il doit être à la Bourse, ou dans un des restaurants des environs. A quatre heures, il rentrera…

Lucas échangea un coup d'œil avec ses compagnons.

– Laisse voir son bureau…

L'homme le précéda docilement, lui fit franchir un corridor étroit, ouvrit une porte et montra effectivement un bureau vide.

– Bon! On reviendra à quatre heures…

Si Maigret, cette fois, fut vraiment du début de l'affaire, il ne le dut qu'au hasard. A trois heures, il était dans son bureau du Quai des Orfèvres, quand on téléphona que des Algériens venaient d'échanger des coups de couteau du côté de la porte d'Italie. Or, les Algériens, c'était le rayon du brigadier Lucas.

– Je ne peux pas y aller, chef. Il faut que je sois à quatre heures rue Montmartre pour une arrestation…

– L'arrestation de qui?

– Laget… Vous savez?… L'homme du *Commerce Français*… Le mandat signé par le section financière du Parquet…

– File à la porte d'Italie… J'irai rue Montmartre…

Il travailla jusqu'à quatre heures moins dix, sauta dans un taxi avec les deux inspecteurs, pénétra sous la voûte, puis dans la cour, questionna machinalement en voyant ce réseau d'escaliers délabrés:

– Il n'y a pas de seconde issue?

– Je ne crois pas…

C'était sans importance, en somme! L'arrestation banale d'un petit financier véreux!

– Au second, chef… Tournez à droite…

Tout cela n'était qu'une corvée. Le bonhomme de cinquante ans, Ernest Descharneau, était toujours assis derrière sa table, cette fois il ne collait plus des timbres mais copiait des adresses sur des enveloppes. Devant lui, dans l'antichambre, quatre ou cinq personnes se morfondaient.

– Oscar Laget est arrivé? questionna Maigret sans lâcher sa pipe.

– Pas encore... Il ne peut plus tarder... Ces messieurs l'attendent aussi...

Un coup d'œil aux «messieurs» en question, des créanciers, évidemment, des gens plus ou moins miteux qui étaient là depuis une heure ou deux, dans l'espoir d'arracher quel-ques sous à Laget. Maigret eut le temps de bourrer une pipe, après avoir vidé la sienne par terre, car le plancher était déjà sale.

– Il y a des courants d'air, ici! grogna-t-il en relevant le col de velours de son pardessus.

Ernest Descharneau se pencha un peu de côté, tendit l'oreille, murmura:

– Je crois que c'est lui qui rentre...

– Pourquoi? Il n'entre pas par cette porte?

– Il entre toujours par-derrière... Je vais aller lui annoncer...

Puis, comme il prononçait la dernière syllabe en se levant, une détonation retentit du côté du bureau de Laget. Descharneau voulut se précipiter, mais Maigret l'écarta du geste et passa le premier.

Le couloir faisait un coude. Au fond une fenêtre ouverte – celle qui provoquait le courant d'air! – donnait sur une courette et Maigret, frileux, la ferma en passant. Il s'attendait à trouver la porte de Laget fermée à clef, mais il n'en étrait rien. Dans le bureau, l'homme d'affaires court et gras était assis à sa place, affalé en arrière, une plaie béante à la tempe droite; sur le tapis, un peu au-dessous de sa main qui pendait, gisait un revolver.

– Ne laissez entrer personne! grogna Maigret en se retournant.

Dès cet instant, quelque chose le choquait, mais il ne savait pas encore quoi. Il reniflait, observait tout autour de lui, les mains toujours dans les poches, le chapeau un peu en arrière, dans unè attitude qui lui était familière. Son regard finit par se poser sur deux chaussures de femme qui dépassaient du rideau de la fenêtre, et il grommela:

– Que faites-vous là, vous?

En même temps, une femme encore jeune, vêtue d'un manteau de fourrure, sortait de sa cachette, regardait les trois hommes avec angoisse et balbutiait:

– Qui êtes-vous? Qu'est-ce que vous venez faire?

– Et vous?

– Je suis Mme Laget!

Celui des inspecteurs qui s'était penché sur le corps, se redressait enfin et déclarait, placide:

– Mort!...

L'inspecteur Janvier fut chargé d'avertir le commissaire du quartier, le Parquet et l'Identifé judiciaire, tandis que Maigret, maussade, tournait en rond dans la pièce qu'éclairait un jour cru.

– Il y a longtemps que vous êtes dans ce bureau? questionna-t-il soudain, en jetant un regard en coin à Mme Laget.

– Je suis arrivée presque en même temps que vous...

Quand j'ai entendu des pas, je me suis cachée derrière le rideau, à tout hasard...

– Pourquoi?

– Je ne sais pas... Je voulais d'abord savoir...

– Savoir quoi?

– Ce qui s'était passé... Vous êtes sûr qu'il est mort?

Elle ne pleurait pas, mais elle était hagarde et Maigret préféra ne pas insister, alla parler bas au second inspecteur.

– Reste dans le bureau et surveilla-la, qu'elle ne touche à rien...

Puis il gagna l'antichambre où les clients se trouvaient toujours.

– Ne partez pas, vous autres!... J'aurai peut-être besoin de vous...

– Il est mort?

– Tout ce qu'il y a de plus mort... Quant à vous – et il s'adressait à Descharneau – je voudrais vous parler en tête à tête...

– Nous pouvons aller dans le bureau de madame... A moins qu'elle y soit...

Le bureau était en face de celui de Laget. Pour ne pas être dérangé, Maigret ferma la porte à clef, tripota machinalement la clef du poêle qui ne tirait pas, montra une chaise à son compagnon.

– Asseyez-vous... Votre nom... Votre âge... Racontez moi tout ce que vous savez...

Et il forçait le bonhomme à s'asseoir, tandis que lui-même restait debout, circulant, comme à son habitude, à travers la pièce.

– Je m'appelle Ernest Descharneau, cinquante-quatre ans, ancien commerçant, lieutenant de réserve...

– Et présentement garçon de bureau? grommela Maigret.

– Ce n'est pas tout à fait cela, corrigea Descharneau avec une pointe d'amertume. Mais vous avez raison: cela y ressemble.

Bien qu'il portât des vêtements usés, il restait soigné de sa personne, et il y avait de la distinction dans ses manières, de cette distinction toute en grisaille particulière aux gens qui ont eu des malheurs.

– Avant la guerre, je tenais un magasin boulevard de Courcelles, et les affaires n'allaient pas trop mal.

– Un magasin de quoi?

– D'armes, de munitions et d'articles de chasse... Puis je suis parti au front, comme simple soldat et, la troisième année de guerre, j'étais lieutenant d'artillerie...

Maigret remarqua alors un mince trait rouge au revers de son veston. Il nota aussi que l'homme, tout en parlant avec une précipitation un peu fiévreuse, ne cessait de tendre l'oreille aux bruits de l'appartement.

– C'est en Champagne que j'ai connu Oscar Laget, qui était sous mes ordres...

– Simple soldat?

– Oui… Plus tard, il est devenu sergent… A la démobilisation, j'ai retrouvé mon magasin fermé et ma femme malade… Il me restait un peu d'argent, et j'ai eu le malheur de le placer dans une affaire qui a croulé un an plus tard… Ma femme est morte…

On entendit des bruits de pas et Maigret comprit que c'était la police du quartier, mais ne se dérangea pas. Assis sur le bord du bureau, il questionna:

– Ensuite?

– Laget, à ce moment-là, avait monté une société de produits chimiques et j'allais le voir… Il avait ses bureaux boulevard Haussmann, et il me prit comme démarcheur… Puisque vous êtes venu pour l'arrêter, vous devez savoir quel homme c'était?

– Dites toujours!

On aurait pu croire, parfois, que Maigret n'écoutait pas.

– Les produits chimiques ont duré trois ans, et j'ai fait quelques économies… Un beau jour, Laget a mis la clef sous la porte, et je me suis retrouvé à la rue… Dès ce moment, on a parlé de poursuites, ce qui n'a pas empêché Laget, un an plus tard, de fonder à grand bruit une nouvelle affaire: *Le Commerce Français*…

Descharneau hésitait à continuer, se demandant si Maigret s'intéressait ou non à son discours, et toujours on entendait des pas et des voix dans les autres pièces.

– A certain moment, il y a eu jusqu'à soixante employés, et les bureaux occupaient trois étages d'un immeuble moderne, rue Beaubourg. Laget éditait des journaux corporatifs, *Le Journal de la Boucherie, Le Bulletin des Mandataires, Le Moniteur des Cuirs et Peaux,* d'autres encore…

– Vous en étiez?

– Quand je suis revenu le voir, il m'a pris auprès de lui, sans titre précis, mais j'étais en quelque sorte son bras droit… C'est ainsi qu'il m'a nommé fondé de pouvoir de la plupart des sociétés qu'il créait, et même parfois administrateur…

– Si bien que, maintenant, vous allez être poursuivi également?

– C'est probable, gronda Descharneau. Vous ne pouvez pas comprendre comment cela se passait… Même quand on avait soixante employés, il nous arrivait de courir après deux mille francs… Laget possédait son auto et Mme Laget la sienne… Il avaient fait bâtir une maison de campagne de huit cent mille francs, mais les domestiques restaient des trois mois sans être payés… On bouchait un trou avec un autre trou… Laget disparaissait deux ou trois jours, rentrait, fiévreux, par une petite porte, me faisait signer des papiers…

«– Vite… Cette fois, c'est la fortune!…

«Je ne savais même pas ce que je signais… Quand j'hésitais, il me reprochait mon ingratitude, me rappelait qu'il m'avait pour ainsi dire tiré du ruisseau…

«Il avait des moments de générosité… S'il avait de l'argent, il ne regardait pas à me donner sans raison vingt ou trente mille francs, quitte, le lendemain ou le surlendemain, à me les redemander…

«Après des hauts et des bas, nous en sommes arrivés ici… Mme Laget a voulu s'occuper elle-même des affaires, et elle vient chaque jour au bureau…

Maigret, tirant sa pipe de sa bouche, posa tout à coup une question qui, malgré a simplicité, fit sursauter Descharneau.

– Où avez-vous déjeuné?

– Quand?… Aujourd'hui?… Attendez… Je suis sorti un instant pour aller chercher du pain et du saucisson… Vous retrouverez les peaux et les miettes dans ma corbeille à papier…

– Il n'est venu personne?

– Que voulez-vous dire? A deux heures, des créanciers sont arrivés, comme toujours… C'est à cause de cela que Laget n'osait plus venir par l'escalier principal… Il y a une issue rue des Jeûneurs… Il faut traverser des bâtiments, des couloirs, faire tout un tour à travers les deux immeubles, mais il préférait ça...

– Et sa femme?

– Elle aussi!

– C'est son habitude d'arriver au bureau à quatre heures?

– Non! D'habitude elle vient à deux heures... Mais nous sommes le premier mercredi du mois, et elle est allée au ministère toucher sa pension... C'est une veuve de guerre remariée...

– Vous la croyez capable d'avoir tué son mari?

– Je ne sais pas.

– Et vous croyez Laget capable de s'être suicidé?

– Je ne sais pas... Je vous ai dit tout ce que je savais... Je me demande ce que je vais devenir, maintenant...

Maigret alla ouvrir la porte.

– Je vous reverrai tout à l'heure...

Quand il entra dans le bureau de Laget, il y trouva dix ou quinze personnes qui s'agitaient, et on avait allumé les lampes électriques. Le photographe de l'Identité judiciaire, qui venait d'opérer, rangeait ses appareils. Le juge d'instruction et un jeune substitut s'entretenaient à voix basse, tandis que Mme Laget, les traits tirés, restait assise dans un coin, comme étourdie par tout ce bruit et ce mouvement.

– Vous avez trouvé quelque chose? demanda à Maigret le commissaire de police.

– Pas encore. Et vous?

– On a retrouvé la douille, qui a bien été tirée avec ce revolver... Mme Laget revonnaît l'arme de son mari, qui était toujours dans le tiroir du bureau...

– Vous voulez venir un moment, madame Laget?

Et Maigret l'emmena dans le bureau où il avait interrogé Descharneau.

– Veuillez m'excuser de vous tracasser en ce moment... Je n'ai que deux ou trois questions à vous poser... D'abord, que pensez-vous de Descharneau?

– Mon mari a tout fait pour lui... Il l'a tiré de la misère... Il le traitait comme son homme de confiance... Pourquoi? Descharneau vous en a dit du mal?... Il en est capable... C'est un aigri...

– Seconde question, trancha Maigret. Quand êtes-vous venue pour la dernière fois au bureau?

– A deux heures, pour prendre mes pièces d'identité avant de me rendre au ministère... Jusqu'à ces derniers mois, je ne voulais pas toucher ma pension de veuve de guerre... Mais étant donné la situation...

– A quelle heure votre mari avait-il l'habitude de rentrer l'après-midi?

– En *réalité*, à trois heures... Vous allez comprendre... Il était obligé, pour ses affaires, de faire avec ses clients des déjeuners copieux et trop arrosés... Comme, la nuit, il souffrait d'insomnies, il avait pris l'habitude de sommeiller une heure dans son bureau...

– Et aujourd'hui?

– Je ne sais pas... A deux heures, Descharneau m'a seulement dit que mon mari m'attendrait à quatre heures précises pour une affaire importante...

– Et il ne vous a pas parlé de la police?

– Non!

– Je vous remercie.

Tout en la reconduisant vers la porte, Maigret essayait toujours de préciser la sensation qu'il avait eu en pénétrant dans le bureau de Laget. Il y avait des moments où il croyait toucher au but, puis l'instant d'après, le souvenir redevenait aussi vague.

Maintenant, il avait chaud et, le chapeau toujours sur la nuque, la pipe aux dents, il gagna l'antichambre, comme un homme qui ne sait que faire. Quatre personnes, qui tout à l'heure attendaient Laget pour lui réclamer de l'argent, étaient toujours là et Maigret les regarda l'une après l'autre, avisa un grand jeune homme mal nourri et râpé.

– Depuis quelle heure êtes-vous ici?

– Deux heures dix ou deux heures et quart, monsieur... Descharneau, qui avait repris place à sa table, écoutait.

– Il n'est venu personne depuis lors?

– Seulement ces messieurs...

Et il désignait ses compagnons, qui approuvèrent de la tête.

– Personne n'est sorti?... Non?... Attendez!... Le garçon de bureau est resté tout le temps à sa place?

– Tout le temps.

Mais aussitôt, le jeune homme parut réfléchir.

– Attendez!... Une fois, seulement, il s'est dirigé vers le couloir, parce que le téléphone avait sonné...

– A quelle heure?

– Je ne sais pas, moi!... Il était peut-être quatre heures moins le quart?... Qui, c'était un peu avant que vous arriviez...

– Dites-moi, Descharneau, de qui était la communication?

– Je ne sais pas... C'était une erreur...

– Vous êtes sûr?

– Oui... On m'a demandé... on m'a demandé si on était bien chez le dentiste...

Or, avant de prononcer ces derniers mots, il avait, avec l'air de chercher une inspiration, abaissé le regard sur les enveloppes rangées sur la table. C'étaient des circulaires que Laget envoyait à des milliers de gens. Machinalement, Maigret fit comme le garçon de bureau, et lut sur la dernière enveloppe de la pile: *M. Eugène Devries, chirurgien dentiste, rue...*

Il fit un effort pour ne pas sourire!

– Alors? questionna le commissaire en revenant vers le juge et le substitut.

– Suicide! affirma ce dernier. D'après le docteur, le coup a été tiré moins de quinze centimètres du visage… Il aurait fallu que Laget ait rudement envie de se laisser faire pour…

Les deux hommes redressèrent la tête quand Maigret trancha:

– Ou qu'il dorme!

– Vous croyez donc, vous, que c'est?…

Et le regard du juge se dirigea vers Mme Laget, à qui on prenait précisément les empreintes digitales, et qui se raidissait dans sa dignité.

– Je ne sais pas encore, avoua Maigret. Si c'est un crime, c'est en tout cas un beau crime… Car, remarquez que nous étions là, pour ainsi dire… A croire que l'assassin l'a fait exprès d'attendre que la police soit présente…

Comme le médecin légiste passait, Maigret l'arrêta.

– Et vous, docteur, vous n'avez rien remarqué d'anormal?

– Ma foi non… La mort a certainement été instantanée…

– Et après?

– Que voulez-vous dire?

– Rien… Laget devait être encore plus frileux que moi… Remarquez que le dossier de son fauteuil touche le radiateur…

Le juge et le substitut échangèrent un regard. Maigret frappa encore une fois le fourneau de sa pipe contre son talon. Par décence, on avait recouvert le visage de Laget d'une serviette nid d'abeilles décrochée au lavabo. Les enquêteurs, en somme, avaient fini leur besogne et n'attendaient qu'un signe pour s'en aller.

– Dites, commissaire… fit soudain Maigret en s'adressant au commissaire du quartier. Je m'aperçois qu'il y a deux téléphones sur le bureau: un qui est relié au réseau et un téléphone intérieur… Il doit communiquer avec l'antichambre… Vous ne voulez pas aller me sonner, de là-bas?

Le commissaire sortit. On attendit, en regardant Maigret qui avait l'air absent. Une minute, deux minutes passèrent.

Puis le commissaire de police revint, étonné:

– Vous n'avez rien entendu?... Je n'ai pourtant pas cessé de sonner...

Alors, Maigret:

– Vous voulez venir un instant avec moi, monsieur le juge?

Et il l'entraîna vers le bureau où il avait déjà reçu Descharneau et Mme Laget.

Maigret était debout, le dos au feu, dans sa pose favorite, et il parlait d'une voix négligente, comme pour s'excuser d'avoir été si vite en besogne et ne pas trop humilier le magistrat.

– Le hasard a voulu que je sois là au bon moment, et que j'observe le garçon de bureau...

– C'est lui qui?... Mais c'est impossible, puisque...

– Attendez! Au physique comme au moral, vous avez reconnu, n'est-ce pas? un de ces ratés d'après-guerre qui sont peut-être le plus pitoyable héritage que celle-ci nous a laissé, les victimes les plus lamentables, en tout cas... Un homme qui a été le lieutenant Descharneau, un homme qui, à ce moment, avait certainement une haute valeur morale!... A l'armistice, il ne retrouve rien de sa vie d'autrefois... Son commerce est ruiné, sa femme meurt... Et c'est Laget, dont la vulgarité et le manque de scrupules font merveille dans cette époque troublée, qui le recueille...

Un silence. Maigret bourrait une quatrième pipe.

– J'aillais dire que c'est tout! soupira-t-il. Laget se sert de Descharneau comme un homme pareil peut se servir d'un honnête homme... Et l'honnêteté de ce dernier se rebiffe maintes fois, s'atténue, avec des sursants, des révoltes, si bien qu'en fin de compte le sentiment dominant de Descharneau pour celui qui se prétend son bienfaiteur est la haine... Une haine d'autant plus vivace que Laget dégringole à son tour, si bien qu'en définitive Descharneau a vendu son honnêteté pour un plat de lentilles...

– Je ne vois pas où vous voulez...

– En venir? Moi non plus. Du moins, je ne le voyais pas

tout à l'heure. J'imaginais seulement les deux hommes, le patron et l'employé, l'ancien sergent et l'ancien lieutenant, dont les rôles étaient renversés... J'imaginais ces bureaux assaillis par des créanciers minables et les huissiers, puis les expédients, la cavalerie, les traites impayées et les chéques sans provision, tout le pitoyable accompagnement des dégringolades comme celle-ci...

– C'est effectivement la raison du mandat d'arrêt que...

– Vous permettez un instant?

Maigret ouvrit la porte, appela Descharneau, qui parut assez effrayé.

– Dites-moi, Descharneau... Combien de fois Laget avait-il déjà été poursuivi?

– Je ne sais pas... Cinq ou six fois?...

– Et chaque fois, n'est-ce pas, il s'ent est tiré?

– Oui... Il avait des relations...

– Pouvez aller! Merci!

Et, le garçon de bureau parti, Maigret se tourna à nouveau vers le juge.

– Voilà! Descharneau n'a pas voulu que, cette fois encore, l'autre s'en tire... Il est mal portant, vous l'avez vu... Je parierais pour un ulcère, sinon un cancer à l'estomac... Il est incapable, désormais, de se refaire une situation... Laget arrêté, il devenait, demain, une épave qu'on aurait retrouvée un jour ou l'autre aux soupes populaires... Or, à tort ou à raison, Descharneau considère que c'est Laget qui a fait de lui cette épave...

– Mais comment a-t-il pu matériellement...?

– Je vous donne mon opinion, que quelques minutes nous suffiront ensuite à confirmer... Aujourd'hui, à midi, un brigadier et deux inspecteurs viennent pour arrêter Laget, qui est absent, et Descharneau les fait revenir à quatre heures...

«N'oubliez pas que des journées, des mois durant, notre homme, dans l'antichambre, n'a rien à faire que coller des timbres et copier des adresses, et qu'il a eu le temps de tourner et de retourner dans sa tête mille plans de vengeance plus compliqués les uns que les autres...

«Il m'a avoué que, contrairement à son habitude, il n'était pas allé déjeuner aujourd'hui, et je le soupçonne de s'être livré ici à un travail minutieux, dont nous chercherons tout à l'heure les traces...

«Car l'occasion est belle, quasi unique!... Les autres jours, Mme Laget est au bureau à deux heures, comme une employée... Le premier mercredi du mois, seulement, elle se rend au ministère des Finances pour toucher sa pension.

«Quand elle passe, afin de prendre ses papiers d'identité, Descharneau lui déclare que *son mari l'attendra dans son bureau à quatre heures précises,* et elle n'a aucune raison de se méfier...

«Dès lors, tout est facile, presque trop facile... L'antichambre, comme chaque après-midi, se garnit de créanciers *qui vont pouvoir certifier que Descharneau ne les a pas quittés...*

«Un instant seulement... A quatre heures moins le quart, remarquez l'heure!... On a entendu une sonnerie qui est soi-disant la sonnerie du téléphone mais, comme par hasard, Descharneau déclare qu'il y avait erreur et ne trouve qu'une réponse embarrassée.

«Nous verrons tout à l'heure si, sous la table de l'antichambre, il n'existe pas un bouton permettant de déclencher une sonnerie... C'est d'autant plus plausible que le garçon de bureau devait avoir un moyen d'avertir son patron des visites trop ennuyeuses...

– C'est facile à contrôler, dit le juge.

– Le reste aussi. Descharneau pénètre donc à quatre heures moins le quart, dans le bureau de son patron où, depuis une demi-heure, il a entendu Laget rentrer. Laget dort, comme d'habitude... Descharneau, ancien armurier, n'a pas eu de peine à se procurer un silencieux, qu'il adapte au revolver du tiroir et, à bout portant, il tire...

– Mais...

– Attendez! Il remet le silencieux dans sa poche, ou plus probablement il le jette dans les cabinets… Il regagne l'antichambre, attend à nouveau, et nous arrivons à notre tour…

«Alors, il nous déclare que Laget ne vas pas tarder à rentrer… Nous attendons comme les autres… Descharneau, qui tend l'oreille, entend Mme Laget qui arrive sur le coup de quatre heures et, lorsqu'elle est encore dans l'escalier de service, il pousse sur le bouton du téléphone intérieur…

– Je ne comprends pas…

– Vous ne comprenez pas qu'il faut une détonation pour faire croire *que c'est à ce moment-là seulement que Laget est tué ou se suicide?*… Il y a un instant, le commissaire du quartier a essayé de faire fonctionner le téléphone intérieur, et n'y est pas parvenu… Je vous parie que le fil a été relié à un pétard quelconque, posé sur l'appui de la fenêtre du couloir, car, j'ai obulié de vous le dire, cette lucarne, à notre arrivée, était ouverte… C'est donc en notre présence, sous notre nez… Nous nous précipitons, et nous effrayons sans savoir, Mme Laget, qui se cache derrière un rideau.

Maigret sourit.

– J'ai été frappé, en entrant dans le bureau, par quelque chose d'anormal… Maintenant, je comprends ce que c'était… Moi qui suis un vieux fumeur de pipe, je fais la distinction entre la fumée chaude et la fumée refroidie… Or, dans le bureau de Laget, cela sentait la poudre, certes, *mais la poudre refroidie*… Quant au médecin légiste, à qui nous en reparlerons, il a été trompé sur l'état de rigidité du cadavre, par le fait que le corps était appuyé à un radiateur, ce qui…

On trouva, sur l'appui de la fenêtre, les restes du pétard et un bout de fil de cuivre relié au téléphone intérieur.

– Ce n'est pas vrai! cria Descharneau, le premier jour.

Mais, le lendemain, on le trouva pendu dans sa cellule, à l'aide de bandes de toile qu'il avait confectionnées avec sa chemise.